Christian Kahl

Modellierung und Dokumentation von Softwarearchitektu.

Christian Kahl

Modellierung und Dokumentation von Softwarearchitekturen

GRIN Verlag

Bibliografische Information der Deutschen Nationalbibliothek: Die Deutsche Bibliothek verzeichnet diese Publikation in der Deutschen Nationalbibliografie; detaillierte bibliografische Daten sind im Internet über http://dnb.d-nb.de/ abrufbar.

1. Auflage 2005
Copyright © 2005 GRIN Verlag
http://www.grin.com/
Druck und Bindung: Books on Demand GmbH, Norderstedt Germany
ISBN 978-3-638-80716-6

UNIVERSITÄT DUISBURG-ESSEN

Christian Kahl

Modellierung und Dokumentation von Softwarearchitekturen

Seminararbeit

Vorgelegt dem Fachbereich Wirtschaftswissenschaften
der Universität Duisburg-Essen

Sommersemester 2005

Inhaltsverzeichnis

Abbildungsverzeichnis

Abkürzungsverzeichnis

ABC	Architecture Business Cycle
ADL	Architecture Description Language
IT	Informationstechnik
MDA	Model Driven Architecture
OMT	Object-Modeling Technique
OOSE	Object-Oriented Software Engineering
SOA	Service-Oriented Architecture
SDL	Specification and Description Language
UML	Unified Modeling Language

1 Einleitung

Die Architektur zählt zu den wichtigsten Elementen eines Softwaresystems. Aus diesem Grund, gehören sowohl die Modellierung als auch die Dokumentation einer Softwarearchitektur, zu den wesentlichen Aktivitäten im Rahmen der Entwicklung von Software.

Die vorliegende Arbeit beschäftigt sich mit der Modellierung und Dokumentation von Softwarearchitekturen. Sie gliedert sich in drei Hauptteile. Jeder dieser Teile beginnt mit der Definition und Abgrenzung der zentralen Begriffe und setzt sich mit der jeweils zugrunde liegenden Motivation auseinander. Mit dem Teil „Grundlagen von Softwarearchitekturen" soll die grundlegende Bedeutung von Softwarearchitekturen herausgestellt werden. Hierbei stehen im besonderen die Frage, welche Faktoren Einfluss auf die Architektur haben sowie der Aspekt der Qualität im Mittelpunkt. Im Teil „Modellierung von Softwarearchitekturen" geht es schwerpunktmäßig um eine Reihe zentraler Konzepte und Methoden, welche für die Modellierung verwendet werden können. Ein besonderer Fokus liegt hierbei auf der Modellierungssprache UML, da diese einen praktischen Ansatz zur Modellierung darstellt und die darüber hinaus sehr weit verbreitet ist. Der Teil „Dokumentation von Softwarearchitekturen" befasst sich schließlich damit, warum die Dokumentation einer Softwarearchitektur notwendig ist, welche Ziele mit der Dokumentation verfolgt werden sowie welche Ansätze es gibt, um diese Ziele zu erreichen.

2 Grundlagen von Softwarearchitekturen

Um ein Verständnis für die Bedeutung der Modellierung und Dokumentation von Softwarearchitekturen zu erlangen, ist es zunächst wichtig deutlich zu machen, welche Rolle die Softwarearchitektur bei der Entwicklung eines Softwaresystems spielt. In diesem Abschnitt wird es daher, als Basis für die nachfolgenden Punkte, vor allem um grundsätzliche Aspekte in Bezug auf Softwarearchitekturen gehen.

2.1 Begriffsdefinitionen

Eine Softwarearchitektur kann definiert werden als die Struktur der Strukturen einer Software bzw. eines Softwaresystems (vgl. [BaCK2003, S.3]).

Unter einer Struktur sind dabei Software Elemente und die Beziehungen zwischen diesen Elementen zu verstehen. Die Elemente enthalten ihrerseits öffentliche und

private Bereich und werden durch unterschiedliche Personen bzw. Gruppen von Personen bearbeitet. Von den Details der Elemente wird bei einer Architektur abstrahiert (vgl. [BaCK2003, S.21f]). Im folgenden werden die Begriffe Softwarearchitektur und Architektur, sofern nicht anders angegeben, synonym verwendet. Gleiches gilt für die Begriffe Software, Softwaresystem und System.

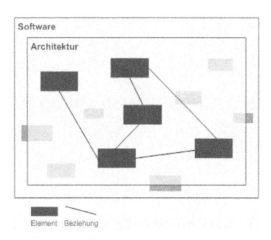

Abbildung 2.1 – Die Softwarearchitektur im Kontext

Legt man die oben genannte Definition zugrunde, so verfügt prinzipiell jedes Softwaresystem über eine Architektur. Im einfachsten Fall, wenn das System nur aus einem einzigen Element besteht [BaCK2003, S.22].

Allerdings existiert bis heute keine anerkannte, allgemeingültige Definition des Begriffs Softwarearchitektur. Die vorliegende Definition stellt somit eine unter zahlreichen Definitionen dar[1]. Jedoch besteht zwischen vielen der gängigen Definitionen eine starke inhaltliche Redundanz (vgl. [BaCK2003, S.23]).

Weiterhin ist im Bereich der Softwareentwicklung der Begriff des Stakeholders von Relevanz. Als Stakeholder werden in diesem Fall alle Personen und Gruppen von Personen bezeichnet, die an dem Prozess der Systementwicklung beteiligt sind (vgl.

---

[1] Weitere Definitionen: http://www.sei.cmu.edu/architecture/definitions.html

[HaNe2001, S.248]) bzw. die ein Interesse an diesem Prozess haben (vgl. [BaCK2003, S.6]).

2.2 Motivation für Softwarearchitekturen

Der Architektur kommt in einem Softwaresystem eine Rolle zu, die vergleichbar ist mit der Rolle von Architekturen in anderen Kontexten, etwa beim Bau von Gebäuden. Die Architektur eines Softwaresystems stellt dessen Grundstruktur dar, so wie die Architektur eines Gebäudes dessen Grundstruktur beschreibt. Dementsprechend zählt die Modellierung der Architektur zu den wichtigsten Phasen im Softwareentwicklungsprozess.

Die Bedeutung der Softwarearchitektur basiert dabei im wesentlichen auf drei Faktoren [BaCK2003, S.26ff]:

- Grundstruktur

  Die Softwarearchitektur beschreibt die frühesten Entscheidungen, bezüglich des Designs und damit die Grundstruktur eines Systems. Das heißt auch, dass es sich bei den Entscheidungen, die sich in der Architektur ausdrücken, um die schwierigsten und die mit den weitest reichenden Konsequenzen verbundenen Entscheidungen handelt. Damit hat die Architektur auch maßgeblichen Einfluss darauf, wie die Implementierung des Systems erfolgt und wie die Struktur des Entwicklungsprozesses bzw. des Entwicklungsprojektes aussieht.

  Darüber hinaus wirkt sich die Architektur darauf aus, inwieweit bestimmte Qualitätsaspekte vom System erfüllt werden können, auch wenn die Qualität eines Softwaresystems selbst, nicht von der Architektur determiniert wird.

- Kommunikation

  Die Architektur dient als Mittel der Kommunikation zwischen den Stakeholdern. Die Stakeholder haben unterschiedliche, oftmals divergierende Interessen. Außerdem kommen sie zum Teil aus unterschiedlichen Bereichen (z.B. Kunden, Projektmanager, Programmierer), weswegen es zu Problemen bei der Kommunikation oder Missverständnissen zwischen ihnen kommen kann. Daher ist es wichtig die Architektur eines Systems als gemeinsame, allen verständliche Sprache für die Stakeholder zu verstehen und zu verwenden.

- Abstraktion

  Der Aspekt der Abstraktion ist im Hinblick auf Softwarearchitekturen von besonderer Bedeutung. Die Softwarearchitektur stellt ein Modell der Struktur eines Systems dar, bei dem die Details des Systems nicht betrachtet bzw. abgebildet werden. Es erfolgt demnach eine Abstraktion und damit eine Reduktion auf das wesentliche.

  Dies hat zur Folge, dass sich eine Architektur auch auf Systeme mit vergleichbaren Anforderungen, in funktionaler und qualitativer Hinsicht, übertragen und so wiederverwenden lässt.

2.2.1 Qualität von Softwarearchitekturen

Aufgrund der Bedeutung die der Architektur eines Softwaresystems zukommt, hat die Qualität einer solchen Architektur entscheidenden Einfluss auf die Qualität der Software insgesamt. Der Aspekt der Qualität spielt demzufolge für die Modellierung einer Softwarearchitektur ebenfalls eine entscheidende Rolle, da im Rahmen der Modellierung Entscheidungen zu treffen sind, die großen Einfluss auf die spätere Erfüllung bestimmter Qualitätsmerkmale durch die Software haben.

Eine Software muss über die reine Funktionalität hinaus gehende, so genannte nicht-funktionale Qualitätsanforderungen erfüllen. Dies sind nach [BaCK2003, S.74] die folgenden sechs Attribute, die eine Software in unterschiedlich starker Ausprägung realisiert:

- Verfügbarkeit

  Gibt Auskunft darüber, in welchem Umfang die Software zur Bearbeitung einer gegebenen Aufgabe genutzt werden kann. Die Verfügbarkeit kann eingeschränkt werden sowohl durch Belastungen des Systems als auch durch Fehler (vgl. [MeLe2003, S.702]).

- Modifizierbarkeit

  Gibt an inwieweit die Software an veränderte Anforderungen angepasst werden kann (vgl. [MeLe2003, S.604]).

- Performanz

  Bezeichnet die Geschwindigkeit, mit der die Software eine Aufgabe bzw. eine Menge von Aufgaben verarbeitet (vgl. [MeLe2003, S.364]).

- Sicherheit

  Beschreibt in welchem Maß die Software Sicherheitsaspekte wie Korrektheit, Datenschutz oder Schutzmechanismen in Bezug auf unberechtigten Zugriff erfüllt (vgl. [MeLe2003, S.98]).

- Testbarkeit

    Gibt an wie gut sich das Eingabeverhalten und das Ausgabeverhalten der Software, anhand von Experimenten und Programmdurchläufen testen und beurteilen lässt (vgl. [MeLe2003, S.662]).

- Verwendbarkeit

    Gibt an inwiefern sich das System gemäß seiner Bestimmung verwenden lässt und wie leicht bzw. verständlich die Handhabung ist (vgl. [MeLe2003, S.604]).

Die Frage was eine Architektur zu einer guten oder schlechten Architektur macht, kann in diesem Zusammenhang nicht eindeutig beantwortet werden, da es keine allgemeingültige Definition oder Kriterien gibt, um schlechte von guten Architekturen abzugrenzen. Softwarearchitekturen sind vielmehr im Kontext einer gegebenen Problemstellung zu sehen. Das heißt, sie sind lediglich mehr oder weniger geeignet um ein bestimmtes Problem zu lösen. Aus diesem Grund sollte die Evaluation einer Architektur auch immer im Bezug auf die jeweiligen Ziele und Anforderungen der zu entwickelnden Software stattfinden [BaCK2003, S.15].

2.2.2 Einflussfaktoren von Softwarearchitekturen

Eine Softwarearchitektur steht immer in einem Kontext. Die Beziehungen der Architektur zu ihrer Umwelt, in der sie konstruiert und verwendet wird, sind von großer Bedeutung, da die Architektur *ein Ergebnis technischer, geschäftlicher und sozialer Einflüsse* darstellt [BaCK2003, S.8]. Zwischen diesen Einflussfaktoren und der Softwarearchitektur existiert eine kontinuierliche Wechselwirkung. Auf der einen Seite wird die Architektur beeinflusst von der technischen, geschäftlichen und sozialen Umwelt, diese werden aber auf der anderen Seite wiederum selbst von der Architektur beeinflusst. Diese Wechselwirkung kann als Architecture Business Cycle (ABC) bezeichnet werden [BaCK2003, S.5].

Als Einflussfaktoren für eine Softwarearchitektur, sind nach [BaCK2003, S.6ff] die folgenden zu nennen:

- Die Entwickelnde Organisation

    Sowohl die Struktur der Organisation die eine Software entwickelt als auch die zur Verfügung stehenden Ressourcen und dabei vor allem das

vorhandene Personal und dessen Qualifikation, haben Einfluss auf die Architektur.

- Die Architekten

  Die Architekten und ihre Erfahrung sind ein signifikanter Einflussfaktor. So können beispielsweise negative oder positive Erfahrungen der Architekten im Bezug auf bestimmte Architekturkonzepte oder Entwicklungsmethoden, Einfluss darauf haben, wie diese Architekten zukünftig bei der Entwicklung vorgehen und welche Konzepte und Methoden sie verwenden werden.

- Das technische Umfeld

  Das technische Umfeld macht einen Einflussfaktor aus, da vom technischen Umfeld die Möglichkeiten abhängen, die dem Architekten, zum Beispiel in Form von Softwareentwicklungskonzepten oder Entwicklungstechniken, zur Verfügung stehen.

- Die Stakeholder

  Bei den Stakeholdern einer Architektur kann es sich zum Beispiel um Kunden, Endbenutzer, Entwickler oder Projektmanager handeln. Sie alle haben unterschiedliche Vorstellungen, Erwartungen und Ziele bezogen auf das Softwaresystem und beeinflussen daher auch maßgeblich dessen Architektur. Für den Architekten ist es wichtig, möglichst viele ihrer Interessen zu berücksichtigen. Allerdings stehen die Interessen und Ziele der verschiedenen Stakeholder häufig in konfliktären Beziehungen zueinander. Zum Beispiel möchte ein Entwickler nach Möglichkeit über ausreichende Ressourcen in personeller, zeitlicher und finanzieller Hinsicht verfügen können, während für das Management der entwickelnden Organisation, geringe Kosten und eine geringe Entwicklungszeit im Vordergrund stehen. Aufgrund derartiger konfliktärer Zielbeziehungen ist es erforderlich, über gemeinsame Ziele zu diskutieren. Diese können in Form von so genannten Anforderungsdokumenten (engl.: Requirement Documents) festgehalten werden (vgl. [BaCK2003, S.7]).

Abbildung 2.2 – Einfluss der Stakeholder auf die Architektur

Quelle: in Anlehnung an [BaCK2003, S.8]

3 Modellierung von Softwarearchitekturen

Betrachtet man den Prozess der Softwareentwicklung in Anlehnung an klassische Entwicklungsprozessmodelle wie das Spiral Modell oder das Wasserfallmodell, so lässt sich der Prozess auf die vier Phasen Analyse, Entwurf, Implementierung und Test reduzieren. Die Modellierung des Systems und seiner Architektur kann darin als Teil der Entwurfsphase eingeordnet werden. Vorraussetzung ist in diesem Fall eine vorangegangene Phase der Analyse, in der insbesondere die Anforderungen an das zu entwickelnde System ermittelt wurden, welche die Basis für die Modellierung des Softwaresystems bilden. Die erstellten Modelle bilden die Grundlage für eine spätere Implementierung des Systems.

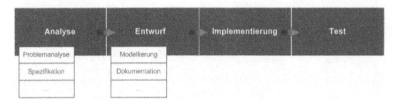

Abbildung 3.1 – Modellierung und Dokumentation im Kontext

In diesem Abschnitt sollen die Begriffe Modell und Modellierung zunächst näher erläutert und daran anschließend auf eine Reihe von Konzepten, die für die Modellierung von Bedeutung sind, eingegangen werden. Abschließend wird als eine Möglichkeit der Modellierung in der Praxis, die Modellierungssprache Unified Modeling Language (UML) vorgestellt. Diese besitzt zwar keine direkte Unterstützung verschiedener architekturspezifischer Konzepte, wie etwa Komponenten oder Schichten, sie ist aber dennoch für die Erstellung von Architekturmodellen geeignet [BaCK2003, S.218].

3.1 Ziele

Softwaresysteme können durch Modelle beschrieben werden. *Ein Modell bildet einen Ausschnitt der Realität in vereinfachter Form ab* [HaNe2001, S.460]. Unter Modellierung *werden die Tätigkeiten verstanden, die zur Definition eines Modells führen* [HaNe2001, S.251]. Setzt man diese allgemeinen Definitionen in Bezug zur

Architekturentwicklung, dann bildet ein Modell die Architektur eines Softwaresystems bzw. einen Ausschnitt dieser in vereinfachter Form ab.

Modelle können vor allem eingesetzt werden, um eine Reduktion von Komplexität zu erreichen. Wichtige Bestandteile der Modellierung sind dabei nach (vgl. [HaNe2001, S.250f; HaNe2001, S.993]):

- Abstraktion

    Abstraktion bedeutet das nur bestimmte Aspekte, des zu modellierenden Ausschnittes der Realität, im Modell abgebildet werden. Es handelt sich um die Aspekte, die für einen bestimmten Kontext Relevanz besitzen. Dies ist besonders wichtig im Hinblick auf Softwaresysteme oder allgemeiner auf Informationssysteme generell, da es sich hier oftmals um äußerst komplexe Systeme handelt.

- Partitionierung

    Partitionierung steht für die Aufteilung eines Problems in Teilprobleme. Eine solche Aufteilung kann nach verschiedenen Schwerpunkten erfolgen, zum Beispiel funktionsorientiert oder objektorientiert.

- Projektion

    Mit Projektion ist gemeint, dass ein Modell eine spezifische Perspektive auf einen realen Sachverhalt darstellt. Die unterschiedlichen Perspektiven repräsentieren die Sichtweise unterschiedlicher, am Softwareentwicklungsprozess beteiligter Personen bzw. Personengruppen.

3.2   Konzepte und Methoden

Für die Modellierung von Softwarearchitekturen existiert ein Vielzahl von Konzepten und Methoden. An dieser Stelle können und sollen deshalb nur einige wesentliche dieser Ansätze beschrieben werden. Wie sie im Zusammenhang einzuordnen sind und in welcher Beziehung sie zueinander stehen, kann der folgenden Abbildung entnommen werden.

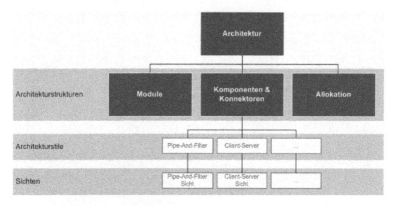

Abbildung 3.2 – Konzepte und Methoden der Modellierung

Quelle: in Anlehnung an [CBBG2003, S.21]

3.2.1 Sichtenkonzept

Um der Komplexität von Softwaresystemen und ihrer Architektur bei der Modellierung Rechnung zu tragen, ist es sinnvoll ein System aus verschiedenen statischen und dynamischen Perspektiven, den so genannten Sichten (engl.: Views), zu beschreiben (vgl. [HaNe2001, S. 254f]).

Unterschiedliche Sichten auf ein Softwaresystem, ermöglichen die Betrachtung ganz bestimmter Aspekte des Systems unabhängig voneinander und repräsentieren damit gleichzeitig die Blickwinkel der verschiedenen Stakeholder auf das System. Mit dem Sichtenkonzept verbunden sind die Ziele, zum einen das Verständnis für das Gesamtsystem zu verbessern und zum anderen eine bessere Kommunikation zwischen den beteiligten Stakeholdern zu ermöglichen. In der Literatur werden zahlreiche Sichten beschrieben, die je nach Verwendungszweck eingesetzt werden können.

Zur Verdeutlichung des Sichtenkonzeptes und seiner Bedeutung im Bezug auf die Architekturen von Softwaresystemen, soll im folgenden beispielhaft das Sichten Modell von Kruchten[2] erläutert werden, dem seit dem Erscheinen im Jahr 1995 große Beachtung zuteil wurde [CBBG2003, S. 16f].

---

[2] Weitere Informationen: http://www-128.ibm.com/developerworks/wireless/library/wi-arch11/

Kruchten identifiziert in seinem „4+1 Sichten Modell" insgesamt fünf verschiedene Sichten, die in dieser oder ähnlicher Form auch in anderen Modellen zu finden sind. Untergliedert ist das 4+1 Modell, wie der Name andeutet, in vier Hauptsichten ergänzt durch die Szenarios als zusätzliche Sicht. Ein Softwaresystem kann mit diesen fünf Sichten vollständig spezifiziert werden.

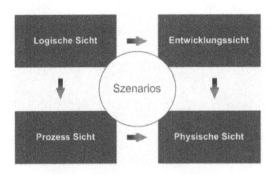

Abbildung 3.3 – Das 4+1 Sichten Modell

Quelle: in Anlehnung an [Kruc1995, S.2]

Bei den Hauptsichten handelt es sich um die folgenden [Kruc1995, S.3ff]:

- Logische Sicht

  Die logische Sicht beschreibt die Architektur aus dem Blickwinkel des Endbenutzers. Sie fokussiert die logische Struktur und damit im wesentlichen die Funktionalität, welche ein System seinen Benutzern zur Verfügung stellt. Das Systems wird hierbei als eine Menge von Elementen dargestellt, die jeweils eine bestimmte Funktionalität besitzen und die in Beziehung zueinander stehen. Insofern wird diese Sicht auch als eine objektorientierte Dekomposition des Systems verstanden.

  Zur grafischen Repräsentation der logischen Sicht, können unter anderem Klassendiagramme und Entity Relationship Diagramme (ER Diagramme) verwendet werden. Ein Klassendiagramm, als Beispiel für die grafische Darstellung der logischen Sicht, zeigt Klassen und verschiedene Arten von

Beziehungen zwischen diesen Klassen, wie etwa Benutztbeziehungen oder Vererbungsbeziehungen.

- Prozess Sicht

  Die Prozess Sicht betrachtet die Architektur eines Softwaresystems als eine Menge von Prozessen und beschreibt sie aus Sicht eines System Integrators. Mit einem Prozess ist in diesem Fall eine Gruppe von Aufgaben (engl.: Tasks) gemeint, die in einer ausführbaren Einheit zusammengefasst sind. Die Sicht beschäftigt sich insbesondere mit Aspekten wie Nebenläufigkeit, Verteilung oder Fehlertoleranz.

- Entwicklungssicht

  Bei der Entwicklungssicht wird eine Dekomposition des Systems vorgenommen. Das bedeutet die Sicht zeigt die Organisation des Softwaresystems in Form von Modulen.

  Die Module in die das System zerlegt wird, können Bibliotheken oder Subsysteme sein und werden in der Regel von unterschiedlichen Programmierteams entwickelt. Von daher zeigt die Entwicklungssicht die Architektur vor allem aus Sicht der Programmierer.

  Die Subsysteme werden außerdem hierarchisch, in Form von Schichten organisiert, so dass jedes Subsystem auf einer bestimmten Schicht liegt. Über eine Schnittstelle kann ein Subsystem seine Funktionalität als Dienst der jeweils darüber liegenden Schicht zur

  Verfügung stellen. Es existieren also Importbeziehungen und Exportbeziehungen zwischen Subsystemen der Schichten.

- Physische Sicht

  Im Rahmen der physischen Sicht werden die Softwareelemente eines Systems auf die Hardware abgebildet. Die Sicht entspricht damit dem Blickwinkel von Systementwicklern.

  Im Mittelpunkt stehen bei der physischen Sicht nicht-funktionale Anforderungen wie Verfügbarkeit, Performanz und Skalierbarkeit.

Zusätzlich zu diesen vier Sichten auf eine Architektur beschreibt Kruchten in seinem Modell eine Szenario Sicht. Unter einem Szenario ist in diesem Zusammenhang eine Interaktionssequenz, zwischen einem oder mehreren Anwendern und dem Softwaresystem zu verstehen. Die Szenarios sollen die wichtigsten Anwendungsfälle

eines Systems und daraus resultierend die Hauptanforderungen an das System beschreiben. Bezogen auf die Modellierung der Architektur ergibt sich die Konsequenz, dass Szenarios einerseits der Ermittlung von Anforderungen an das Design der Architektur und infolgedessen der Identifikation von Elementen der Architektur dienen sowie andererseits als Validationsinstrument für das Testen der Architektur während der Entwicklung bzw. als Referenz nach deren Fertigstellung [Kruc1995, S.9ff].

Die Szenario Sicht versteht Kruchten als zusätzliche, übergreifende Sicht, weil sie Elemente aus allen anderen Sichten enthält und folglich vor allem unterstützenden Charakter für die vier anderen Sichten hat.

3.2.2 Architekturstrukturen

Die Komplexität von Softwaresystemen macht es praktisch unmöglich, alle Aspekte eines derartigen Systems bzw. von dessen Architektur gleichzeitig zu betrachten. Gleichermaßen wird es oftmals kaum möglich sein das System als Ganzes zu betrachten oder mit den Stakeholdern über alle Teile des Systems zu diskutieren. Daher findet bei derart komplexen Systemen nicht nur die Betrachtung aus unterschiedlichen Sichten statt, sondern zusätzlich eine Beschränkung auf die Betrachtung eines jeweils relevanten Teilbereichs. Solche Teilmengen oder Ausschnitte von Softwaresystemen werden als Architekturstrukturen bezeichnet.

Unterschieden werden nach [BaCK2003, S.35] drei Kategorien von Strukturen:

- Modulstrukturen

    Bei Modulstrukturen werden die Elemente eines Systems als Module bezeichnet. Das heißt, eine Modulstruktur beschreibt eine Menge der Module eines Systems und die Art wie sie organisiert sind. Ein Modul repräsentiert in diesem Zusammenhang eine Implementations- Einheit bzw. Code-Einheit und stellt eine konkrete Funktionalität zur Verfügung.

- Komponenten und Konnektoren Strukturen

    Komponenten und Konnektoren Strukturen (K&K Strukturen), beschreiben eine Menge von Elementen in ihrem Laufzeitverhalten und ihren Interaktionen. Bei den Elementen handelt es sich also in diesem Fall um Laufzeitkomponenten, die über als Konnektoren bezeichnete Kommunikationsverbindungen miteinander interagieren.

- Allokationsstrukturen

  Diese Kategorie der Architekturstrukturen, fokussiert die Beziehungen zwischen den Strukturen innerhalb und den Strukturen außerhalb eines Softwaresystems. Als Strukturen außerhalb des Softwaresystems sind die Nicht-Software Strukturen in der Umwelt zu sehen, wie etwa Hardware, Netzwerke oder Entwicklerteams.

  Die Allokationsstrukturen stellen somit auch den Bezug her, zwischen den Softwareelementen eines Systems und seinen verschiedenen Umgebungen, wie beispielsweise Entwicklungsumgebung oder Laufzeitumgebung. Dadurch ermöglichen sie eine Einordnung in einen nicht-softwaretechnischen Kontext.

Die vorliegende Art der Kategorisierung von Architekturstrukturen, kann auch als Orientierung im Bereich der Dokumentation von Softwarearchitekturen verwendet werden.

3.2.3 Architekturstile

In jeder Kategorie von Architekturstrukturen existieren verschiedene Architekturstile. *Ein Architekturstil ist eine Spezialisierung von Element- und Beziehungstypen zusammen mit einer Menge von Bedingungen, wie sie angewendet werden können* [CBBG2003, S.18]. Ausgehend von dieser Definition, steht ein Architekturstil somit für eine bestimmte Art von Architektur (Architekturfamilie). Zum Teil wird in der Literatur auch die Bezeichnung Architekturmuster (engl.: Architectural Pattern) synonym verwendet (vgl. [BaCK2003, S.24]).

Für Architekturstile können an dieser Stelle exemplarisch die Client Server Architektur und die 3-Schichtenarchitektur angeführt werden. Beide sind durch ihre spezifische Art der Elemente und Beziehungen gekennzeichnet. Die Client Server Architektur besteht aus Elementen, welche als Clients und Server fungieren und über Protokolle miteinander kommunizieren. Die 3-Schichten Architektur ist charakterisiert durch die Gliederung in Schichten und damit verbunden die Restriktion, dass die Elemente einer Schicht nur auf die Dienste der direkt darunter liegenden Schicht zugreifen und ihre eigenen Dienste nur der direkt darüber liegenden Schicht zur Verfügung stellen können.

Das Auswählen eines Architekturstils für die Verwendung in einer konkreten Softwarearchitektur, beinhaltet immer die Anfertigung einer Beschreibung, um die

Spezialisierungen des Architekturstils und die Bedingungen bezüglich des konkreten Systems festzuhalten.

In der Regel wird die Architektur eines Systems allerdings nicht nur aus einem einzigen, sondern aus einer Kombination mehrerer unterschiedlicher Stile bestehen. Ein Beispiel hierfür wäre ein System, welches für die Eingabe und Ausgabe das Prinzip der „Pipes & Filters" verwendet sowie für die Datenbank, auf die von vielen Elementen aus zugegriffen wird, den „Shared Data" Stil [CBBG2003, S.19].

3.2.4 Referenzmodelle und Referenzarchitekturen

Im Zusammenhang mit Architekturstilen sind als Konzepte des Weiteren die Referenzmodelle und Referenzarchitekturen zu nennen.

Ein Referenzmodell ist zu verstehen, als eine *standardmäßige Dekomposition eines bekannten Problems in Teile* [BaCK2003, S.25], die zusammengenommen eine Lösung des Problems darstellen. Referenzmodelle beschreiben Funktionalität und Datenfluss. Sie basieren auf gemachten Erfahrungen mit einer bestimmten Problemstellung und einer zugehörigen Lösung, weshalb sie als charakteristisch für bekannte Problemfelder eingestuft werden können.

Während das Referenzmodell ein Problem in Teilprobleme gliedert, bilden Referenzarchitekturen die Teile auf die Softwareelemente eines Softwaresystems ab. Dabei ist es nicht zwangsläufig so, dass die Abbildung 1:1 erfolgen muss, was bedeutet das ein Softwareelement auch mehrere Funktionalitäten implementieren kann [BaCK2003, S.25].

Der Zusammenhang von Architekturstilen, Referenzmodellen und Referenzarchitekturen stellt sich wie in der folgenden Abbildung dar.

Abbildung 3.4 – Beziehungen zwischen Architekturkonzepten

Quelle: in Anlehnung an [BaCK2003, S.26]

3.2.5 Aktivitäten zur Modellierung

Im Rahmen der Modellierung einer Softwarearchitektur ist die Durchführung einer Reihe von Aktivitäten erforderlich, damit die Architektur als Basis für die Entwicklung eines Designs verwendbar ist, welches schließlich implementiert werden kann. Hierbei handelt es sich nach [BaCK2003, S.12ff] um die nachstehend aufgeführten Aktivitäten:

- Erstellung des Geschäftsmodells

    Der Entwurf eines Geschäftsmodells bezieht sich auf die Betrachtung bzw. Modellierung des Kontextes, für den das Softwaresystem entwickelt werden soll. Dieser Kontext hat auch Einfluss auf die Modellierung der Architektur. Es geht hier beispielsweise um die Fragen, in welcher Art von Beziehungen das System mit anderen Systemen steht, welche Zielgruppe erreicht oder in welchem Markt das System eingesetzt werden soll.

    Die Klärung dieser Fragen fällt zwar nicht in den Aufgabenbereich des Architekten, sie sollte aber, unter Einbeziehung des Architekten, im Vorfeld der Modellierung der Architektur geschehen.

- Verständnis der Anforderungen

    Ein Verständnis für die Anforderungen der Stakeholder an das System und dessen Architektur zu entwickeln, ist eine elementare Vorraussetzung für die Modellierung der Architektur. Dies gilt vor allem deshalb, weil die Architektur in ihren Grundzügen von den Anforderungen an das System bestimmt wird.

    Zur Ermittlung der Anforderungen können verschiedene Techniken Anwendung finden. Als Beispiel seien hier die Erstellung von Anwendungsfällen oder die Nutzung von Prototypen genannt. Anwendungsfälle zeigen in diesem Fall typische Interaktionsabläufe zwischen dem Softwaresystem und einem oder mehreren Anwendern, woraus sich unmittelbar Anforderungen an das System ableiten lassen. Prototypen realisieren einzelne Elemente des Systems, wie etwa die Benutzeroberfläche, um so dem späteren Benutzer die Möglichkeit zu geben, die Funktionalität dieses Elementes zu beurteilen. Aufgrund dieser Form des

direkten Feedbacks durch den Benutzer, ist es für den Entwickler leichter möglich die gewünschten Anforderungen festzustellen und zu verstehen.

- Erstellung der Architektur

  Im Rahmen dieser Aktivität erfolgt die Erstellung bzw. die Auswahl der Architektur selbst.

- Kommunikation der Architektur

  Da die Architektur das Rückgrat eines Softwaresystems darstellt ist es wichtig, sie gegenüber allen Stakeholdern in eindeutiger Weise zu kommunizieren.

  Dies ist von Bedeutung, damit etwa die Entwickler ihre Arbeitsaufgabe verstehen und damit das Management die notwendigen Planungsaktivitäten erkennen bzw. abschätzen kann, die aus der Architektur resultieren.

- Analyse und Evaluation der Architektur

  Zu den größten Herausforderungen für den Architekten zählt die Analyse der unterschiedlichen Möglichkeiten, welche existieren um eine Architektur zu realisieren und die Auswahl der am besten geeigneten Möglichkeit.

  Hinzu kommt die Erfordernis einer Bewertung der Architektur in Bezug auf Qualitätsaspekte, das bedeutet einer Bewertung in Bezug darauf, inwiefern die Architektur bestimmte Qualitätsanforderungen erfüllt. Dieser Schritt ist von besonderer Relevanz um sicher zu stellen, dass das System die Anforderungen der Stakeholder erfüllt.

- Implementierung auf Basis der Architektur

  Bei der Implementierung ist es von zentraler Bedeutung, dass diese gemäß den Vorgaben der Architektur erfolgt und die in der Architektur spezifizierten Elemente explizit umgesetzt werden. Vorraussetzung dafür ist eine zuvor erfolgte, adäquate Kommunikation der Architektur.

- Anpassung der Architektur

  Nach der Erstellung und Verwendung der Architektur muss sichergestellt sein, dass die Architektur stets mit ihren Repräsentationen (Modellen)

übereinstimmt. Dies erfordert den ständigen Abgleich und gegebenenfalls eine Anpassung der Modelle.

3.2.6 Unified Modeling Language (UML)

Die Erstellung von Architekturmodellen erfolgt in der Praxis mittels spezieller Modellierungssprachen, die durch Modellierungswerkzeuge unterstützt werden. Die Unified Modeling Language (UML) ist eine Sprache zur Modellierung von objektorientierten Softwaresystemen (vgl. [BaCK2003, S.218]). Sie *ermöglicht Systementwicklern die Spezifikation, Visualisierung und Dokumentation von Modellen* [Pend2003, S.3] eines Systems[3]. Die UML spezifiziert eine graphische Notation zur Modellierung von Systemen sowie die dazugehörigen Semantiken für das Verständnis der Modelle.

Modellierungswerkzeuge sind Softwareprogramme, die zur Modellierung eingesetzt werden können. Sie helfen bei der einfachen Erstellung von Modellen auf Basis der jeweiligen Modellierungssprache, wie etwa der UML und sind daher elementare Werkzeuge bei der Entwicklung von Software.

Zu den Vorteilen der Verwendung von Modellierungswerkzeugen zählt die Eindeutigkeit, die durch sie erreicht wird, da die Notationselemente in den Modellierungswerkzeugen exakt den Vorgaben der Modellierungssprache entsprechen. Außerdem ermöglichen sie die Angabe von Zusatzinformationen für die graphischen Notationselemente, etwa in Form von Beschreibungen oder Kommentaren. Mittlerweile bieten einige Modellierungswerkzeuge auch bereits die Möglichkeit, auf Basis der erstellten Modelle automatisch Programmcode zu generieren.

Dabei ist es wichtig das Modellierungswerkzeuge nicht nur leicht zugänglich also insbesondere einfach verwendbar sind sondern auch, dass sie an die konkreten Erfordernisse von Projekten anpassbar sind [Pend2003, S.3].

3.2.6.1 Motivation

Bereits heute wird die UML von etwa 70% aller IT Unternehmen zur Modellierung genutzt. Es existieren mehr als 50 Programme, welche die Modellierung von Software unter Verwendung der UML ermöglichen und unterstützen. An diesen Zahlen zeigt

---

[3] Weitere Informationen: http://www.uml.org

sich, wie groß die Bedeutung der UML in der Praxis ist. Sie kann heute praktisch als industrieller Standard im Bereich der Entwicklung von Software betrachtet werden (vgl. [Pend2003, S.3]).

Für ein grundlegendes Verständnis der UML und der Gründe für ihre große Bedeutung in der Softwareentwicklung, ist es zunächst wichtig die Entwicklungen zu betrachten, die zur Entstehung der UML geführt haben.

Als in den 70er Jahren das Konzept der Objektorientierung entstand, bedeutete dies für die Softwareentwickler eine Vereinfachung der Entwicklung und zugleich neue Möglichkeiten, Software zu modellieren (vgl. [Pend2003, S.5]). Die Vorteile einer objektorientierten Modellierung von Systemen oder Prozessen, wurden aber nicht ausschließlich im Bereich der Softwareentwicklung erkannt. Auch andere Ingenieurbereiche konnten davon profitieren und in der Folge entstand daher eine Reihe verschiedener Modellierungstechniken und Modellierungssprachen. Als Beispiele können hier unter anderem das Entity-Relationship Diagramm (ER Diagramm) oder die Specification and Description Language (SDL) genannt werden (vgl. [Pend2003, S.6]).

Allerdings resultierten aus der Vielzahl an Sprachen auch Probleme. Es kam zu den so genannten „Method Wars" (Methodenkriege), womit gemeint ist, dass viele Entwickler ausschließlich die von ihnen bevorzugte Sprache als die beste ansahen. Die Folge war eine isolierte Existenz der unterschiedlichen Sprachen. Unternehmen sahen sich außerdem vor das Problem gestellt, aus den verschiedenen Methoden, die für ein Projekt am besten geeignete auswählen zu müssen. Es fehlte ein gemeinsamer Standard. Dieser Standard sollte mit der UML geschaffen werden (vgl. [Pend2003, S.6]).

3.2.6.2 Entwicklung

Die Entwicklung der UML hat ihre Anfänge in den frühen 90er Jahren. In dieser Zeit begannen Ivar Jacobson, Gary Booch und James Rumbaugh, die Vertreter von drei Modellierungsmethoden, ihre Ansätze zusammenzuführen. Jede ihrer Methoden hatte spezifische Stärken und Schwächen. Stärke der Object-Oriented Software Engineering Methode (OOSE) von Jacobson war das Konzept der Anwendungsfälle (engl.: Use Cases), mit dem Wiederverwendbarkeit erreicht werden sollte. Die Booch Method von Booch fokussierte das Design und die Implementierung einer Problemlösung und bei der Object-Modeling Technique (OMT) von Rumbaugh stand die Analyse von Geschäftsintensiven und Datenintensiven Systemen auf Schwachstellen im Mittelpunkt.

Die Intention der Zusammenführung lag darin, die Stärken der einzelnen Methoden in einem gemeinsamen Standard gezielt zu kombinieren. Dabei sollte eine Modellierungssprache geschaffen werden, die den Konzepten der Objektorientie-rung folgt und zudem gleichermaßen von Computer und Benutzer verwendet werden kann (vgl. [Pend2003, S.6]).

3.2.6.3 Ziele

Der Erfolg einer Modellierungssprache wie die UML sie darstellt, ist entscheidend davon abhängig ob bzw. inwieweit die Sprache in der Lage ist, die verschiedenartigen Anforderungen von Softwareentwicklern zu erfüllen. Sie darf in den Möglichkeiten die sie offeriert, weder zu allgemein noch zu speziell sein (vgl. [Pend2003, S.8]).

Um dies sicherzustellen, ist eine Reihe von expliziten Zielen mit der UML verbunden [Pend2003, S.9ff]:

- Bereitstellung einer fertig verwendbaren, ausdrucksstarken, visuellen Modellierungssprache, zur Entwicklung und zum Austausch aussagekräftiger Modelle

  Die UML soll eine Sprache darstellen bei der es nicht notwendig ist, vor der Modellierung zunächst die Notationen an die Erfordernisse bzw. Eigenschaften des spezifischen Projektes anzupassen. Deshalb definiert die UML graphische Notationselemente und die zugehörigen Semantiken. Des Weiteren sollen zwar die weit verbreiteten aber nicht alle Modellierungselemente, die im Rahmen von Softwareentwicklungs-projekten benötigt werden könnten, in der Sprache enthalten sein. Um die UML trotzdem adaptierbar zu machen, existieren die im folgenden Ziel festgelegten Mechanismen:

- Bereitstellung von Erweiterbarkeits- und Spezialisierungsmechanismen zur Erweiterung der Kernkonzepte

  Für den Fall das die von der UML bereitgestellten Modellelemente nicht ausreichend sind, soll es Mechanismen geben die für den Benutzer die Möglichkeit schaffen, die vorhandenen Konzepte zu erweitern.

  Das heißt nicht dass der Benutzer vollkommen neue Konzepte erfinden muss. Er soll aber die Möglichkeit haben, die vorhandenen Elemente so zu

erweitern, dass sie seinen Anforderungen gerecht werden. Realisiert werden kann das zum Beispiel durch die Kombination oder die Spezia-lisierung bestehender Elemente.

- Unabhängigkeit von speziellen Programmiersprachen und Entwicklungs-
  prozessen

  Generell ist ein wesentlicher Grund für die Wichtigkeit der Modellierung,
  die durch sie ermöglichte Separation von Anforderungen und
  Implementierung. Die Modellierung selbst sollte Unabhängig von
  spezifischen technischen Entwicklungen, etwa im Bereich der
  Programmiersprachen sein. Die Zielgruppe der Sprache ist dann deutlich
  größer, wenn sie sich nicht auf eine bestimmte Programmiersprache
  beschränkt. Das bedeutet in diesem Fall auch, dass die Modellierungssprache unabhängig ist von der Entwicklung, der Akzeptanz und den
  Veränderungen, denen eine Programmiersprache unterliegt.

  Um diese Unabhängigkeit zu gewährleisten, bietet die UML Profile (engl.:
  Profiles) an, welche die Modellelemente den jeweils entsprechenden
  Konzepten auf der Ebene der Implementierung zuordnen. Aus diesem Grund
  ist es nicht erforderlich, die UML ständig an Veränderungen von
  Programmiersprachen anzupassen, um alle Möglichkeiten der Verwendung
  abzudecken.

- Bereitstellung einer formalen Basis für das Verständnis der Modellierungssprache

  Die Sprache muss von ihrer Form her zugleich leicht zugänglich für den
  Anwender und Präzise in ihrer Ausdrucksweise sein. Zugänglichkeit ist in
  diesem Zusammenhang primär für die Akzeptanz und die Verwendung der
  Sprache von Bedeutung, während Präzision sich auf die Eindeutigkeit der
  mit der Sprache erstellten Modelle bezieht.

- Förderung der Entwicklung von Modellierungswerkzeugen

  Die Entwicklung von Modellierungswerkzeugen erfordert einheitliche
  Standards, um Verlässlichkeit für die Anwender und die Entwickler von
  Modellierungswerkzeugen sicherzustellen. Die UML hat es zum Ziel, die
  Entwicklung von Modellierungswerkzeugen zu fördern.

- Unterstützung moderner Entwicklungskonzepte

  Die UML soll von Grund auf moderne Entwicklungskonzepte wie
  Komponenten, Frameworks oder Muster (engl.: Patterns) unterstützen.

Durch die Integration derartiger Konzepte wird eine zeitgemäße Entwicklung von Software ermöglicht und die Erfordernis nachträglicher Anpassungen vermieden. Damit soll insbesondere das Zukunftspotential der UML gesichert werden.

3.2.6.4 Aufbau & Konzepte

Die UML verfügt über insgesamt dreizehn Diagrammtypen. Diese lassen sich nach [Pend2003, S.36f] aus drei Sichten betrachten, und in zwei Kategorien untergliedern.

Abbildung 3.5 – Die Diagramme der UML gegliedert nach Sichten
Quelle: in Anlehnung an [Pend2003, S.37]

Erfolgt die Gliederung der UML Diagramme nach Sichten, sind die drei folgenden zu unterscheiden, die komplementär zueinander sind [Pend2003, S.37ff]:

- Statische Sicht

  Die Statische Sicht bezieht sich auf die Diagramme, die der Modellierung von Ressourcen, wie Klassen und Objekten sowie der Modellierung der Eigenschaften und Beziehungen dieser Ressourcen dienen.

  Exemplarisch können hier Klassendiagramme oder Objektdiagramme genannt werden.

- Dynamische Sicht

  Die Dynamische Sicht bezieht sich auf die Diagramme, die zur Modellierung des Verhaltens von Objekten verwendet werden können. Hierbei werden die Aspekte Interaktion und Kommunikation zwischen Elementen fokussiert (z.B. bei Sequenzdiagrammen), weshalb diese Diagramme sich auch dazu eignen, die Anforderungen an Schnittstellen zu ermitteln.

- Funktionale Sicht

  Die Funktionale Sicht bezieht sich auf die Diagramme, welche für die Modellierung von Funktionalität eingesetzt werden.

  Dies ist vor allem im Hinblick darauf wichtig, als das sich aus der Funktionalität der Elemente letztlich die Anforderungen an eine Software und somit auch an deren Architektur ableiten lassen.

Die Kategorisierung erfolgt in Strukturdiagramme und Verhaltensdiagramme, wobei letztere als Subkategorie noch die Interaktionsdiagramme beinhalten.

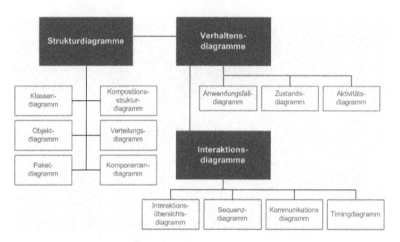

Abbildung 3.6 – Die Diagramme der UML gegliedert nach Kategorien

Die Gliederung nach Kategorien stellt sich wie folgt dar (vgl. [Pend2003, S.51ff]):

- Strukturdiagramme

  Strukturdiagramme zeigen eine statische Sicht der Elemente (Ressourcen) eines Systems (z.B.: Klassen oder Objekte) und der Beziehungen (z.B. Benutztbeziehungen, Vererbungsbeziehungen), die zwischen diesen Elementen bestehen.

  Die Ressourcen bilden den Ausgangspunkt für die Realisation von Verhalten, das sich dann in den Verhaltensdiagrammen ausdrückt. Das heißt zum Beispiel, jede Klasse in einem Klassendiagramm definiert bestimmte

Verhaltensweisen, die die Objekte dieser Klasse auszuführen in der Lage sind. Gleichzeitig zeigen Assoziationen zwischen den Klassen, welche Arten von Beziehungen zwischen Objekten verschiedener Klassen existieren. Sie zeigen allerdings nicht das Verhalten selbst.

- Verhaltensdiagramme

  Verhaltensdiagramme beschreiben das Verhalten der Elemente, welche in den Strukturdiagrammen spezifiziert werden sowie die Interaktionen, die zwischen ihnen stattfinden. Insofern werden bei dieser Kategorie von Diagrammen die dynamischen Aspekte fokussiert.

  Bei den Verhaltensdiagrammen sind vor allem die Use Case Diagramme hervorzuheben, mit denen einzelne Anwendungsfälle dargestellt werden können und die damit das im Rahmen des Sichtenkonzeptes bereits erläuterte Prinzip der Szenarios aufgreifen.

  Als weiteres Beispiel sind Aktivitätsdiagramme zu nennen, die Arbeitsabläufe (engl.: Workflows), das heißt Sequenzen von Aktivitäten darstellen sowie Zustandsmaschinen, die sämtliche Zustände spezifizieren welche ein Objekt im Laufe seines Lebenszyklus annehmen kann.

  Die Verhaltensdiagramme verfügen weiterhin als Subkategorie über die Interaktionsdiagramme. Sie stellen die Kommunikation zwischen Objekten in den Mittelpunkt. Dies erfolgt zum Beispiel bei Sequenzdiagrammen, in Form der Darstellung der Art und Reihenfolge des Austauschs von Nachrichten zwischen zwei oder mehr Objekten.

4 Dokumentation von Softwarearchitekturen

Architekturen von Softwaresystemen können nicht isoliert betrachtet werden. Vielmehr ist eine Softwarearchitektur immer im Kontext zu beurteilen und damit nicht nur abhängig von der Qualität ihrer Modellierung. Dazu gehört auch eine adäquate Dokumentation, denn *selbst eine perfekte Architektur ist nutzlos wenn niemand sie versteht* [BaCK2003, S.201].

In diesem Abschnitt soll es primär um die Fragen gehen, was unter der Dokumentation einer Softwarearchitektur genau zu verstehen ist, welche Bedeutung sie hat und welche Ansätze es für ihre Erstellung gibt.

4.1 Ziele

Nach allgemeiner Definition beschreibt der Begriff Dokumentation *die Zusammenstellung, Ordnung und Nutzbarmachung von Dokumenten und Materialien jeder Art* [Dros1991, S.213].

Bezogen auf den Bereich der Softwareentwicklung, ist eine Dokumentation zunächst einmal ein physisches oder elektronisches Dokument, das ein softwaretechnisches Element beschreibt und indem sich das Ergebnis eines Dokumentationsprozesses manifestiert. Dieser Prozess des Dokumentierens umfasst nach [CBBG2003, S.9] *die Beschreibung – und die fortlaufende Aktualisierung – der Ergebnisse von Architekturentscheidungen, so dass die Stakeholder der Architektur (...) in verständlicher, eindeutiger Form die Informationen bekommen, die sie benötigen.*

Im Vordergrund bei der Dokumentation von Softwarearchitekturen stehen drei Zielsetzungen. Dies sind im einzelnen [CBBG2003, S.10ff]:

- Verbesserung des Verständnisses für die Architektur

    Die Dokumentation dient dazu, Personen wie etwa neuen Mitarbeitern, den Einstieg in das System zu erleichtern. Gleichzeitig soll mit der Dokumentation das Verständnis bei den Stakeholdern für das System und dessen Architektur verbessert werden.

- Verbesserung der Kommunikation zwischen den Stakeholdern

    Eine Architekturdokumentation dient als Kommunikationsmittel für die Stakeholder. Außerdem erfüllt sie den Zweck, bei zukünftigen

Entwicklungen auf die bereits bestehende Architektur zurückgreifen zu können, selbst wenn diese von anderen Architekten durchgeführt werden.

- Analyse des Systems

    Die Dokumentation dient als Basis für die Analyse des Systems. Sie muss *die notwendigen Informationen enthalten, um verschiedene Eigenschaften wie Sicherheit, Performanz, Benutzbarkeit, Verfügbarkeit und Änderbarkeit evaluieren zu können* [CBBG2003, S.12]. Das heißt es muss dokumentiert werden, inwiefern eine Umsetzung der genannten Eigenschaften durch das System von der Architektur unterstützt wird.

Die Dokumentation einer Softwarearchitektur muss einerseits ausreichend abstrakt sein, so dass sie leicht verständlich und nachvollziehbar für ihre Leser (z.B. neue Mitarbeiter) ist. Andererseits muss sie aber auch detailliert genug sein, damit sie als Vorlage für die Entwurfsphase genutzt werden kann.

4.2 Konzepte und Methoden

Zur Erstellung einer geeigneten Dokumentation für eine Softwarearchitektur, ist hier vor allem die Orientierung am Konzept der Sichten hervorzuheben. Des Weiteren ist die Beachtung bestimmter Regeln unverzichtbar um die genannten Zielsetzungen erreichen zu können. Beide Ansätze sollen daher nachstehend genauer erläutert werden.

4.2.1 Grundregeln

Für die Erstellung der Dokumentation einer Architektur ist es entscheidend, die relevanten Inhalte einzugrenzen und abzubilden. Gleichermaßen erfordert die Dokumentierung aber auch die Berücksichtigung und Einhaltung bestimmter Grundregeln.

Nach [CBBG2003, S.24] können die folgenden sieben Grundregeln festgehalten werden:

1. Aus Sicht des Lesers schreiben

    Der Autor einer Dokumentation sollte sich immer vor Augen halten, dass diese für den Leser geschrieben wird. Es ist deshalb wichtig, dass die Dokumentation auf den Leser ausgerichtet ist. Das ist nicht nur von Bedeutung im Hinblick auf das Verständnis des Lesers für den Inhalt und

damit in diesem Fall für die Architektur. Vielmehr wird eine verständliche, gut strukturierte Dokumentation auch häufiger gelesen.

Erforderlich ist zusätzlich, dass der Dokumentation eine gewisse Struktur zugrunde liegt. Im Bezug auf die Dokumentation von Software-architekturen könnte man auch sagen, dass die Dokumentation einer Architektur selbst ebenfalls über eine Architektur verfügen sollte.

2. Unnötige Wiederholungen vermeiden

Die in einer Dokumentation dargestellten Informationen, sollten sich generell möglichst nicht wiederholen. Dies führt zu einer besseren Verwendbarkeit der Dokumentation und erleichtert gleichzeitig Änderungen an ihr.

Ein weiterer Grund warum die Wiederholung von Informationen vermieden werden sollte, ist darin zu sehen das die Darstellung gleicher Inhalte in unterschiedlicher Form leicht zu Zweideutigkeiten führt (siehe auch 3.).

Natürlich ist es nicht immer vermeidbar, dass sich Informationen wiederholen. Es kann sich in manchen Fällen sogar als sinnvoll erweisen. Zum Beispiel dann, wenn dem Leser in Folge des Wiederholens von Informationen Nachteile, wie etwa zusätzlicher Aufwand durch das suchen der Informationen, erspart werden.

3. Zweideutigkeiten vermeiden

Der Leser einer Dokumentation sollte in der Lage sein, möglichst schnell ein Verständnis für die Dokumentation und damit auch für die Architektur selbst zu entwickeln.

Um dies zu erreichen, ist die Eindeutigkeit der Darstellung von großer Bedeutung. Zweideutigkeiten treten dann auf, wenn *eine Dokumentation in mehr als einer Art und Weise betrachtet werden kann und mindestens eine dieser Betrachtungsweisen falsch ist* [CBBG2003, S.25f].

Daher werden für die Notationen in Dokumentationen häufig Architekturbeschreibungssprachen (ADL) verwendet, um Architekturen in formaler und damit möglichst eindeutiger Weise zu beschreiben.

4. Dokumentation organisieren

Wie bereits in der 1. Grundregel beschrieben, benötigt die Dokumentation eine Struktur an der sie ausgerichtet ist und die dem Leser offensichtlich werden muss. Aus diesem Grund sollte ein Organisationsschema verwendet werden, das die Struktur festlegt an der sich die Dokumentation orientiert. Dies hilft dem Leser Informationen zu finden bzw. einordnen zu können und unterstützt den Verfasser bei der Planung sowie bei der Strukturierung der Inhalte.

5. Entscheidungen protokollieren

Ergebnisse von Entscheidungen, die sich in der Architektur ausdrücken, sollten zusammen mit den Entscheidungsalternativen und den Gründen für die Wahl einer bzw. das verwerfen der anderen Alternativen in der Dokumentation festgehalten werden.

Dies ist nicht nur für den Leser, sondern auch für die Entwickler relevant, um getroffene Entscheidungen nachvollziehen zu können.

6. Aktualität wahren

Die Dokumentation einer Architektur sollte stets dem Stand der Entwicklung der Architektur entsprechen. Eine Dokumentation hat keinen Wert für den Leser, wenn die in ihr festgehaltenen Informationen veraltet sind.

Es ist allerdings zu beachten das aufgrund der hohen Anzahl an Entscheidungen, die während des Designprozesses getroffen werden, auch die Anzahl der Änderungen an der Architektur entsprechend hoch ist. Deshalb sollte nicht jede Änderung unmittelbar in der Dokumentation berücksichtigt werden. Vielmehr ist es empfehlenswert nach Möglichkeit die Entscheidungen zu dokumentieren, die persistent sind. Infolgedessen ist es ausreichend, wenn die Dokumentation in bestimmten Zeitinte-rvallen aktualisiert wird.

7. Eignung prüfen

Wie gut eine Dokumentation ist bzw. ob sie sich für einen bestimmten Zweck eignet, liegt letztlich in der Beurteilung durch den Leser. Folglich sollten während der Entstehung der Dokumentation, regelmäßige Prüfungen

(engl.: Reviews) der jeweils aktuellen Version, von Vertretern der unterschiedlichen Stakeholder Gruppen stattfinden.

Es sei an dieser Stelle darauf hingewiesen, dass die genannten sieben Grundregeln, über den Kontext der Softwarearchitekturen hinaus, auch auf andere Formen von Softwaredokumentationen übertragbar sind.

4.2.2 Sichtenkonzept

Von elementarer Bedeutung für die Dokumentation von Softwarearchitekturen, ist das bereits dargestellte Konzept der Sichten. Wie im Kontext der Modellierung, erweist es sich auch hier als sinnvolles Instrument zur Reduktion der Komplexität. Genauer gesagt kann die Dokumentation, sofern man das Sichtenkonzept zugrunde legt, verstanden werden, als das Dokumentieren der einzelnen Sichten, ergänzt durch die Dokumentation der Sichtübergreifenden Aspekte der Architektur (vgl. [BaCK2003, S.205; CBBG2003, S.13]). Welche die relevanten Sichten sind, hängt vom konkreten Projekt und dessen Zielen ab (vgl. [CBBG2003, S.13]).

Die Dokumentation einer Sicht sollte nach [CBBG2003, S.15] die folgenden Elemente enthalten:

- Eine Darstellung der Sicht, üblicherweise in grafischer Form, in der die wesentlichen Elemente und ihre Beziehungen zum Ausdruck gebracht werden

- Eine Auflistung der in der Sicht enthaltenen Elemente, in der diese erklärt und ihre Eigenschaften beschrieben werden

- Eine Beschreibung der Schnittstellen und des Verhaltens der Elemente

- Richtlinien und Erklärungen für Möglichkeiten zur Anpassung der Architektur

- Allgemeine Informationen, z.B. zum Design der Architektur

Hinzu kommt die Dokumentation von Sichtübergreifenden Aspekten der Architektur, die nach [CBBG2003, S.15] aus den folgenden Elementen besteht:

- Eine Einführung in die gesamte Dokumentation, einschließlich Hinweisen für die Verwendung und die Suche nach Informationen

- Informationen über die Zusammenhänge und Beziehungen, die zwischen den Sichten bestehen

- Bedingungen und Einschränkungen, die für die gesamte Architektur gültig sind

- Informationen die für die Überarbeitung bzw. Modifikation der Dokumenta-tion relevant sind

Weiterhin ist die Einordnung der Sichten in die, im Kontext der Modellierung bereits dargestellte, Hierarchie aus Architekturstilen und Architekturstrukturen zu beachten, wobei letztere in diesem Zusammenhang auch als Sichttypen bezeichnet werden (vgl.

[CBBG2003, S.18]). Für die Dokumentation ist diese Hierarchie nach [CBBG2003, S.18ff] in der Form von Relevanz, als das sie eine Orientierung an der Struktur der Modellierung und dadurch eine bessere Strukturierung der Dokumentation ermöglicht.

5 Fazit und Ausblick

Die Modellierung und Dokumentation von Softwarearchitekturen erfordert die Kenntnis und die Verwendung adäquater Konzepte und Methoden. Die Erfordernis dafür resultiert insbesondere aus dem Stellenwert, den die Architektur in einem Softwaresystem einnimmt. Mit der Architektur werden die Grundfeste des Systems geschaffen und damit die Voraussetzungen für die Qualität des späteren Softwareprodukts.

Um der Komplexität und gleichzeitig der Bedeutung der Modellierung gerecht zu werden, stellen die hier vorgestellten Ansätze eine wichtige Grundlage dar. Insbesondere können hier das Sichtenkonzept und die verschiedenen Architekturstile Anwendung finden, unterstützt durch Modellierungssprachen wie etwa die UML und entsprechende Modellierungswerkzeuge. Die in diesem Zusammenhang erläuterten Konzepte und Methoden stellen allerdings nur eine Auswahl dar. Es existieren zahlreiche weitere Ansätze und Werkzeuge, wie etwa das Model Driven Architecture (MDA) Konzept[4] oder das Prinzip der Service-Orientierted Architecture (SOA)[5], auf die im Rahmen dieser Arbeit nicht näher eingegangen werden konnte.

Darüber hinaus sollte deutlich geworden sein, dass Modellierung und Dokumentation sehr eng miteinander verknüpft sind und nicht unabhängig voneinander betrachtet werden können. Die Dokumentation stellt einen essentiellen Bestandteil im Prozess der Entwicklung einer Softwarearchitektur dar. Dabei erfolgt häufig eine Orientierung an den für die Modellierung gewählten Sichten.

Abschließend bleibt zu erwähnen, dass die Separierung von Modellierung und Dokumentation nicht zwangsläufig so erfolgen muss, wie dies in dieser Arbeit der Fall ist. Es ist durchaus möglich das Verhältnis von Modellierung und Dokumentation anders zu betrachten und beispielsweise die Modellierung als Teil der Dokumentation

---

[4] Weitere Informationen: http://www.omg.org/mda
[5] Weitere Informationen: http://java.sun.com/developer/technicalArticles/WebServices/soa/

zu sehen. An der Relevanz der hier vorgestellten Regeln und Konzepte ändert dies jedoch nichts.

Literaturverzeichnis

BaCK2003   Bass, Len; Clements, Paul; Kazman, Rick: Software Architecture in Practice - Second Edition, Addison-Wesley, Boston, 2003.

CBBG2003   Clements, Paul; Bachmann, Felix; Bass, Len; Garlan, David et. al.: Documenting Software Architectures – Views And Beyond, Addison-Wesley, Boston, 2003.

Dros1991   Drosdowski, Günther (Hrsg.): Duden – Rechtschreibung der deutschen Sprache, Dudenverlag, Mannheim, 1991.

HaNe2001   Hansen, Hans Robert; Neumann, Gustaf: Wirtschaftsinformatik I, Lucius & Lucius, Stuttgart, 2001.

Kruc1995   Kruchten, Philippe: Architectural Blueprints – The „4+1" View Model of Software Architecture, IEEE, 1995, http://www.win.tue.nl/~mchaudro/sa2004/Kruchten4+1.pdf

MeLe2003   Meyers Lexikonredaktion: Duden Informatik, Dudenverlag, Mannheim, 2001.

Pend2003   Pender, Tom: UML Bible, Wiley Publishing, Inc., Indianapolis, 2003.